内容紹介(ないようしょうかい)

SNSやグッズが世界(せかい)で人気(にんき)を博(はく)す「カナヘイの小動物(しょうどうぶつ)」が、
むずかしすぎる まちがいさがしになりました！

この本(ほん)のまちがいさがしは、じ〜っとにらめっこしないと
みつからない とてもむずかしい問題(もんだい)ばかり。

でも、「おちゃらけ小動物(しょうどうぶつ)うさぎ」「生真面目(きまじめ)な鳥(とり)ピスケ」ほか、
あちらこちらでピヤッと現(あらわ)れるゆるい小動物(しょうどうぶつ)たちに
いやされること まちがいなし…！

むずかしいまちがいを探(さが)すことで集中力(しゅうちゅうりょく)を高(たか)めながら、
「カナヘイの小動物(しょうどうぶつ)」の世界観(せかいかん)をたのしんでくださいね。

本書の使い方

1 レベル
上級、極、極限、超極限の4つのレベルがあるよ。

2 まちがいの数
左と右の絵の、まちがいの数が書いてあるよ。よ～くみてまちがいをみつけてね！

3 「カナヘイの小動物」のイラスト
小動物のたのしい1年、小動物とゆるっとタウン、小動物とわくわくおでかけ、小動物のドキドキおしごとなど、レベルごとにテーマが変わるよ。小動物の世界をいっしょにたのしもう♪

4 ヒント
まちがいをみつけるヒントが書いてあるよ。どうしてもみつからなかったときにたよろう！

＼ こんな使い方もできるよ！ ／

- 集中力を高めたいときに
- 小動物にいやされたいときに
- 家族や友達といっしょに
- 電車やバスでの移動中に
- ヒントをみないでひとりでじっくり

03

もくじ

内容紹介‥‥‥‥02

本書の使い方‥‥‥‥03

Chapter 1 上級
小動物のたのしい1年 ‥‥‥05
Column 1
ゆるくてかわいい小動物の仲間達‥‥‥‥‥22

Chapter 2 極
小動物とゆるっとタウン ‥‥‥23
Column 2
ゆるくてかわいい小動物の仲間達‥‥‥‥‥38

Chapter 3 極限
小動物とわくわくおでかけ ‥‥39
Column 3
ゆるくてかわいい小動物の仲間達‥‥‥‥‥54

Chapter 4 超極限
小動物のドキドキおしごと ‥‥55

こたえあわせ‥‥‥‥60

上級
小動物の たのしい1年

Chapter 1

3つのまちがいをさがせ！
春のお花畑でひなたぼっこ

お花に乗って、の〜んびり♪

色とりどりのお花がかわいいね。
左と右の絵の3つのちがいをみつけてみよう！

ヒント1 ちょうちょがとんでいる
ヒント2 葉っぱの数がちがうところがある
ヒント3 お花の数がかぞえられない！

こたえは **60**ページ

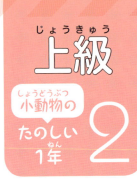

上級 2
小動物の たのしい 1年

3つのまちがいをさがせ！
おひるね中の こいのぼり…？

春の陽気はうとうとしちゃう

なんの夢をみているのかな?

左と右の絵の3つのちがいをみつけてみよう!

こたえは **60**ページ

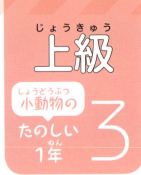

上級

小動物の たのしい1年 3

3つのまちがいをさがせ！

ワッショイワッショイ お祭りさわぎ

ピスケが黄金に…！？

おみこしは夏の風物詩♪

左と右の絵の3つのちがいをみつけてみよう！

ヒント1 夏といえば……？
ヒント2 おみこしがきらきらかがやいている！
ヒント3 ハッピがゆれてる！

こたえは **60**ページ

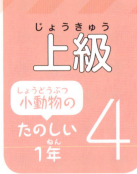

3つのまちがいをさがせ！

上級 4
夏のおわりの打ち上げ花火

花火より高くとぶぞ!

夏のおわりを感じるね。

左と右の絵の3つのちがいをみつけてみよう!

こたえは **60**ページ

上級 5
小動物の たのしい1年

3つのまちがいをさがせ！
おいしいものいっぱい 食欲の秋♪

う〜ん、いい香(かお)り！

ごはんのおかわりがとまらない…。

左(ひだり)と右(みぎ)の絵(え)の3つのちがいをみつけてみよう！

こたえは **60**ページ

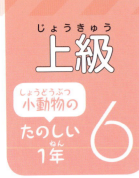

3つのまちがいをさがせ！
おかしをくれなきゃいたずらしちゃうぞ

こんな仮装もあり…かな？

ピスケはおばけの仮装みたい。
左と右の絵の3つのちがいをみつけてみよう！

ヒント1 ハロウィンほおいしいぱんたべよう☆
ヒント2 どこの色がへったよ！
ヒント3 ねこねこたちの持つ看板が…！

こたえは
60ページ

3つのまちがいをさがせ！

メリークリスマス♪
ツリーのかざりつけ

プレゼントはなんだろう？

サンタクロース今年もくるかな。
左と右の絵の3つのちがいをみつけてみよう！

ヒント1　窓の外、雪がふっているよ？
ヒント2　お靴下はクリスマスのよてい！
ヒント3　ようすもしっかりかくにんしているね

こたえは **60**ページ

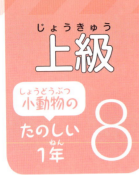

上級 8
小動物のたのしい1年

3つのまちがいをさがせ！

門松からひょこっと新年のごあいさつ

今年もよろしくね！

目標はなににしようかな？

左と右の絵の3つのちがいをみつけてみよう！

ヒント1 キラキラしたそうしょくがふえている
ヒント2 お正月かざりの向きがちがう
ヒント3 鏡もちにおいてしよう！

こたえは **61**ページ

Column 1

ゆるくてかわいい
小動物の仲間達

ピンクのうさぎ

うさぎの中でも、とくにおちゃらけた性格。鳥の「ピスケ」とよくいっしょにいる。ピスケにちょっかいを出しすぎて怒られることも。食べることが大好き。意外と常識人。

ピスケ

生真面目な性格の鳥。ピンクのうさぎとよくいっしょに行動している。基本はなにをされても無表情。だけど怒るとこわい。生真面目すぎるせいか、たまに思いもよらぬことをして、うさぎにドン引きされている。

極
小動物と ゆるっとタウン

Chapter 2

3つのまちがいをさがせ！

天気のいい日は街に出かけよう

街の探検隊♪

いろいろなお店がいっぱいあるね。
左と右の絵の3つのちがいをみつけてみよう！

ヒント1 うさぎとそっくりなもようのいぬ
ヒント2 窓のかたちがちがうよね？くらべてみたい
ヒント3 いい買い物できた、おなかがへったな

こたえは **61** ページ

3つのまちがいをさがせ！
車に乗ってうきうきドライブ

外の空気がきもちいいな

どこにでかけるか悩んじゃう。
左と右の絵の3つのちがいをみつけてみよう！

ヒント1　ガラスがわれていないよ
ヒント2　イヌくんが、笑顔だよ！
ヒント3　かっこいい車だね

こたえは
61ページ

3つのまちがいをさがせ!
公園での〜んびりひなたぼっこ

小動物のいこいの場♪

木々にかこまれてリラックス♪

左と右の絵の３つのちがいをみつけてみよう！

ヒント1 タワーは青のペンキぬりたて
ヒント2 公園は木でいっぱい！
ヒント3 いろんな動物たちがつまさる

こたえは
61ページ

3つのまちがいをさがせ！
人気のカフェでおやつの時間

小動物のいこいの場♪

木々にかこまれてリラックス♪
左と右の絵の３つのちがいをみつけてみよう！

こたえは **61**ページ

3つのまちがいをさがせ！
人気のカフェでおやつの時間

なににするか悩んじゃう

み〜んな大好きなスイーツ♪

左と右の絵の３つのちがいをみつけてみよう！

ヒント1：パンの数をよくみて♪
ヒント2：メニューがくるくるまわる？
ヒント3：そらのくものかたち、おいしそう〜〜

こたえは
61ページ

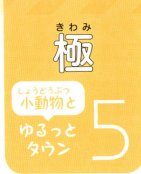

3つのまちがいをさがせ！
神聖な教会で憧れのウェディング

いつか大切な相手と…

思わず目がキラキラしちゃう。

左と右の絵の3つのちがいをみつけてみよう！

こたえは
61ページ

3つのまちがいをさがせ！
展望台から街をみわたそう

足元（あしもと）にきをつけて！

うさぎがころんじゃったね。
左（ひだり）と右（みぎ）の絵（え）の3つのちがいをみつけてみよう！

ヒント1 展望台の看板によくみて
ヒント2 「足元注意」ってかいてあるのに……
ヒント3 女の子も展望台に行くのかな？

こたえは **61**ページ

35

3つのまちがいをさがせ!

満天の空を天体観測☆

あっ！つままれ座だ！

ピスケも望遠鏡をのぞきたいみたい。
左と右の絵の３つのちがいをみつけてみよう！

こたえは **62**ページ

Column 2

ゆるくてかわいい
小動物の仲間達

ねーねーねこ

語尾がなにかと「ねー」のねこ。もっふりしっとりした肌ざわりで、ぴょろんとした手足＆しっぽが特徴。ねーねーねこ同士はとてもなかよしで、よく複数でつるんでいる。和を好む。

敬語うさぎ

社会に出てがんばっているうさぎ。ハキハキと明るい対応を心がけている。たまに調子にのりすぎて失敗する。

極限
きょくげん

小動物と
しょうどうぶつ
わくわくおでかけ

Chapter 3

3つのまちがいをさがせ!
バスに乗って遠くの街へ♪

うさぎがこない ぞ…？

バスが出発しちゃったよ〜！

左と右の絵の３つのちがいをみつけてみよう！

ヒント１　しょくぶつ　植物も変化をしているのかな？
ヒント２　ね〜ねこの運転手さん、出発進行！
ヒント３　水のボトルを１つ多く持うようにし！

こたえは **62**ページ

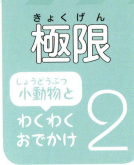

3つのまちがいをさがせ！

窓辺でまったり ねこちゃんタイム

ねこはかわいいなぁ

もふもふ、いやされる〜。
左と右の絵の3つのちがいをみつけてみよう！

ヒント1 窓のむこうには大きなビルがみえるね
ヒント2 ねこちゃんは何種類いるかな？
ヒント3 女の子がかみのけをさわっているね

こたえは
62ページ

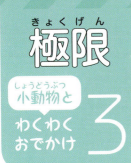

極限 3
小動物と わくわく おでかけ

3つのまちがいをさがせ！
ドキドキの工場見学

ひよこが逃げちゃった！

ピスケのあとをついていっちゃった！？
左と右の絵の3つのちがいをみつけてみよう！

こたえは
62ページ

3つのまちがいをさがせ！
波にゆられて たのしい海水浴

うきわでプカプカ♪

ねーねーねこもたのしそう。
左と右の絵の3つのちがいをみつけてみよう！

ヒント1　ゆうひくんのかおと、きもちがちがう〜〜
ヒント2　うきわとピスケのぼうしのいろがちがう
ヒント3　ハイビスカスのはっぱがたりない

こたえは 62 ページ

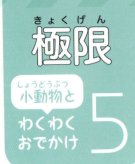

3つのまちがいをさがせ！
海沿いでごろごろ ぜいたくバカンス

日やけどめはぬったかな？

真っ黒に日やけしちゃうかも。
左と右の絵の３つのちがいをみつけてみよう！

クイズ1　ひろそうだけどのっているのは…大きすぎる！？
クイズ2　波にさらわれないようにね！
クイズ3　今日の波はおだやかだね

こたえは **62**ページ

極限 6

小動物と わくわく おでかけ

3つのまちがいをさがせ！
ドキドキわくわく マジックシアター

満員御礼！

タネはみぬけるかな？

左と右の絵の3つのちがいをみつけてみよう！

こたえは **62** ページ

極限7 小動物とわくわくおでかけ

3つのまちがいをさがせ!

つかれをいやす温泉パワー

ごくらくごくらく〜

3 てんぶろは最高！

左と右の絵の3つのちがいをみつけてみよう！

ヒント1 雪がフワフワふっている
ヒント2 みんなで温泉であたたまる
ヒント3 湯気でこころもからだもぽかぽか〜

こたえは **63**ページ

Column 3

ゆるくてかわいい
小動物の仲間達

女の子
のほほん系の女の子。

小動物
あちらこちらでピヤッと現れる。

超極限 小動物のドキドキおしごと

Chapter 4

超極限 小動物のドキドキおしごと 1

1つのまちがいをさがせ！
電車でゆらゆらおしごとに行こう

ピスケとうさぎ、みーつけた！

小動物(しょうどうぶつ)がたくさん乗(の)っているね。
左(ひだり)と右(みぎ)の絵(え)の１つのちがいをみつけてみよう！

(こたえ) ①の女(おんな)の子(こ)がもっているね

こたえは
63ページ

1つのまちがいをさがせ！

ボーイ？ ガール？ はりきりアルバイト♪

ひよこがい〜っぱい！

この子はボーイかな？ ガールかな？
左と右の絵の１つのちがいをみつけてみよう！

こたえは **63**ページ

こたえあわせ

Chapter 1
上級
じょうきゅう
小動物の
しょうどうぶつ
たのしい1年
ねん

1

① ちょうちょが逆になっている

② 葉が1枚増えている

③ 白い三角がなくなっている

2

① 「z」の横棒がななめになっている

② 幅がせまくなっている

③ こいのぼりのひれが小さくなっている

3

① 「！」の下の位置がそろっている

② おみこしのゆれが小さくなっている

③ 結び目の位置が右にずれている

4

① 火花の色が左右逆になっている

② ジャンプしたときの幅が広くなっている

③ 敬語うさぎの手のむきが逆になっている

5

① サンマのしっぽが大きくなっている

② 線が1本増えている

③ 敬語うさぎの耳の高さがそろっている

6

① イチゴが大きくなっている

② ピスケの衣装が横に伸びている

③ ねーねーねこのもつ看板の位置が上にのびている

7

① ヒイラギの葉の葉脈が増えている

② 窓が大きくなっている

③ ピスケの乗る台が低くなっている

❶ 星の色がゴールドになっている

❷ 葉の緑の部分が増えている

❸ リボンがのびている

Chapter 2
極
小動物と ゆるっとタウン

❶ うさぎがピスケからはなれている

❷ 窓が大きくなっている

❸ 雲が右にのびている

❶ ふうせんの黄色い部分が白くなっている

❷ ピスケのサングラスが大きくなっている

❸ 車のマークが「P」から「D」になっている

❶ タワーが横に大きくなっている

❷ 木の色が真ん中の木と同じになっている

❸ 小鳥の食べるごはんが変わっている

❶ 液体の量が増えている

❷ 「u」が小文字になっている

❸ プリンのカラメルがさらに垂れている

❶ ちょうネクタイの位置が下がっている

❷ ステンドグラスの色が変わっている

❸ 棒線が左右逆になっている

❶ 葉が小さくなっている

❷ マークが「★」になっている

❸ 女の子のエリが大きくなっている

7

① カニのはさみが大きくなっている

②「蟹」の「虫」が「𥝱」になっている

③ ハートが右に傾いている

Chapter 3
極限(きょくげん)
小動物(しょうどうぶつ)と
わくわくおでかけ

---

① 花の白い部分が大きくなっている

② ハンドルが細くなっている

③ 木のガードレールが下にずれている

① ビルの窓が増えている

② ねこのしっぽが長くなっている

③ 女の子が右にずれている

---

① 工場の壁が左にずれている

② ひよこが起きている

③ うさぎの汗が大きくなっている

① カモメが右にかたむいている

② うきわの白い部分が水色になっている

③ ハイビスカスの花弁が短くなっている

---

① イカの目がはなれている

② 波のくる位置が広くなっている

③ 波のマークが反対になっている

①「□」が「◇」マークになっている

② ステッキのピンクと白の位置が逆になっている

③ 観客のねーねーねこが下にずれている

7

① つもった雪が減っている

② ピスケが頭にのせたタオルが左にずれている

③ 階段が高くなっている

1

① ねーねーねこのしっぽが左右反転している

2

① 壁のちょうちょが左に傾いている

表紙

① ルンバに乗ったねこが右にずれている

② バスのタイヤの線が増えている

③ 横断歩道の白線が細くなっている

63

イラスト カナヘイ

イラストレーター・漫画家。
自作待受画像の配信から全国でブームとなり、2003年に現役女子高校生イラストレーターとして「Seventeen」（集英社）にてプロデビュー。
以降、出版、モバイルコンテンツ、企業広告、キャラクターコラボ、「りぼん」（集英社）での漫画連載など、様々な媒体で幅広く活動を続け、20～30代の男女を中心に多くのファンを持つ。
「ピスケ＆うさぎ」を中心とした「カナヘイの小動物」シリーズは国内外でグッズ展開されており、LINE Creators Stamp AWARD で準グランプリ（2014年・2015年）、グランプリ（2016年）を受賞。

BOOK STAFF

編集協力　株式会社ナイスク　http://naisg.com
　　　　　松尾里央、高作真紀、鈴木里菜
本文デザイン・装丁　竹内夕紀

カナヘイの小動物
激むずまちがいさがし ～小動物たちの住む街～

2019年12月10日　第1刷発行

イラスト　カナヘイ
著　者　カナヘイの小動物 激むずまちがいさがし制作委員会
発行者　吉田芳史
印刷所　図書印刷株式会社
製本所　図書印刷株式会社
発行所　株式会社 日本文芸社
　　　　〒135-0001 東京都江東区毛利2-10-18 OCMビル
　　　　TEL03-5638-1660 ［代表］

内容に関する問い合わせは、小社ウェブサイト
お問い合わせフォームまでお願いいたします。
URL https://www.nihonbungeisha.co.jp/

©kanahei / TXCOM 2019

Printed in Japan 112191128-112191128 Ⓝ01　（390033）
ISBN978-4-537-21748-3

編集担当　岩田

●法律で認められた場合を除いて、営利目的の有無に関わらず、本書からの複写・転載(電子化を含む)および頒布は禁じられています。
●代行業者等の第三者による電子データ化および電子書籍化は、いかなる場合も認められていません。
●乱丁・落丁本などの不良品がありましたら、小社製作部宛にお送りください。送料小社負担にておとりかえいたします。